Martin Baldus

Über die Wichtigkeit von Ehe und Familie

Und aus welchen Gründen diese heute immer weniger Umsetzung finden

GRIN Verlag

Bibliografische Information der Deutschen Nationalbibliothek:

Die Deutsche Bibliothek verzeichnet diese Publikation in der Deutschen National-
bibliografie; detaillierte bibliografische Daten sind im Internet über http://dnb.d-
nb.de/ abrufbar.

Impressum:

Copyright © 2013 GRIN Verlag GmbH
Druck und Bindung: Books on Demand GmbH, Norderstedt Germany
ISBN: 978-3-656-46139-5

Dieses Buch bei GRIN:

http://www.grin.com/de/e-book/229937/ueber-die-wichtigkeit-von-ehe-und-familie

Über die Wichtigkeit von Ehe/
Familie und aus welchen Gründen
diese heute immer weniger
Umsetzung findet

Das Zehnte Gebot
für Europa

Du sollst nicht begehren deines
nächsten Frau

Modul 11
B1.11.3.1.6

vorgelegt durch:

Martin Baldus

Inhalt

Einleitung

Besonders in den heutigen kirchlichen aber auch politischen Diskussionen steht die Stärkung der Familie an zentraler Stelle. Was bedeutet Familie heute? Was ist Familie? Welche Funktionen übernimmt Familie? Diese Fragestellungen werden seit Jahrzenten durch die verschiedenen Professionen der Soziologie, der Philosophie, der Theologie etc. durchleuchtet. Dennoch entsteht durch die Vielfalt von Familienreformen die stetige Schwierigkeit einer gemeinsamen Definition.[1]

Nach Meyer übernimmt die Familie die Funktion als „ein Reservat und Bollwerk,[...] das [sic!] die Aufgabe hat, die Zumutung der strukturell anders verfassten Bereiche der Öffentlichkeit zu kompensieren und das Bedürfnis nach Sicherheit, Intimität und Geborgenheit zu befriedigen."[2]
Der Familie soll zusammenfassend vielmehr als Gegenbewegung gegen die Schnelllebigkeiten, Unsicherheiten usw. der heutigen gesellschaftlichen Anforderungen agieren.

Eine Abgrenzung oder Erklärung über Familie kann jedoch nur dann sinnstiftend sein, wenn man diese nicht (nur) nach den modernen „Änderungen" beschreibt und ihr somit eine immer neue Anpassungsmöglichkeit gibt. Diese stetige Modellierung führt zu einer Orientierungslosigkeit. Das Bild der Familie muss auf ihr Fundament beschrieben werden und in der heutigen postmodernen Zeit wieder an Wert gewinnen.

Eines der solidesten Fundamente für die Familie ist die Ehe. Das gegenseitige Versprechen, sich treu zu lieben in guten wie in schlechten Tagen, verkörpert nicht nur das Prinzip der Gegenseitigkeit, sondern ebenso die Pflicht jedes Ehepartners und später Familienmitgliedes sich für das Eine zu entwickeln.

---

[1] (Meyer, 2011)
[2] (Meyer, 2011)

Einführung in den Themenschwerpunkt

Durch die Individualisierungswünsche der beruflichen und eigenen Lebensplanung entsteht ein drängender Prozess, der die Zumutungen der Personen mit anheizt und unterstützt. Bilanzen und Effizienz entfremden den Gedanken der Intimität und Geborgenheit. Sicherheit wird in Erfolgen gesucht. Es entstehen Familienproblematiken die zur Not einfach aus den Familien ausgelagert werden.[3] (Erziehungs-, Orientierungs,- Versorgungsdefizite). Auch die steigende Anzahl an kinderlosen Partnerschaften[4] stellt den Sozialstaat vor existenzielle Gefahren. Wirtschaftlich geforderte Flexibilität fordert flexible Familienbilder.

Doch „entsinnt" diese fortschreitende Verformbarkeit der Familie nicht ihre eigentliche Identität? Zuflucht, Geborgenheit, Sicherheit, Intimität.

Die Kulturwissenschaftlerin Stefanie Lohaus beschreibt in ihrem Beitrag in der Zeitschrift „The Germans"[5] die Unzufriedenheit deutscher Paare nach der Gründung einer Familie. Die hohe Trennungswahrscheinlichkeit bei Familien mit Kindern und das Gefühl der fehlenden Selbstverwirklichung verzögern den Schritt zum Ehebündnis und zur Familiengründung.

Das Zehnte Gebot[6] fordert auf, sich nicht von der Gier des Besitzens hinreißen zu lassen. Es wird deutlich, dass nicht jeder alles haben kann und man auf das Eigene vertrauen und für es sorgen soll.
Führt ein solches Festlegen „auf etwas" oder „auf jemanden" zu den derzeitigen Schwierigkeiten, sich bewusst auf eine gemeinsame Lebensform wie die der Ehe einzulassen?

---

[3] vgl. (Jünemann, 2009)
[4] vgl. (Meyer, 2011)
[5] (Lohaus, 2013)
[6] „Du sollst nicht nach dem Haus deines Nächsten verlangen. Du sollst nicht nach der Frau deines Nächsten verlangen, nach seinem Sklaven oder seiner Sklavin, seinem Rind oder seinem Esel oder nach irgendetwas, das deinem Nächsten gehört." Ex 20,2–17 EU

a) Schwerpunkt der Hausarbeit

Die hier verortete Hausarbeit untersucht anhand von 7 Schwerpunkten die Herausforderung der Ehe- und Familienbildung. Durch die Fürsorge, Autorität, Moralität, Identität, Loyalität, Integrität und die Emotionen, werden die Wirkungsformen der Familie dargestellt, welche das „Bollwerk" in der industrialisierten Zeit darstellen könnten.

b) Vorgehensweise

Zu Beginn folgt eine kurze etymologische Bedeutung von Ehe und Familie. Somit wird der gleiche positive Zugang zum derzeit schwammigen Familienbild ermöglicht. Im Folgenden werde Kernelement der Familie anhand von Fürsorge, Autorität, Moral, Identität, Loyalität, Integrität, und Emotion umschrieben und auf die Besonderheiten eingegangen. Diese werden durch die Chancen des Individuums und die Funktionen im Staatsleben verdeutlicht. Zum Ende der Hausarbeit erfolgt eine prägnante Zusammenfassung über die Wichtigkeit von Familie und die derzeitigen Hemmnisse.

Die Familie

Da die derzeitigen Definitionsversuche von Familie sich an die sozial-kulturellen Erscheinungsformen von Familie anpassen, wird zu Beginn der hermeneutischen Ausarbeitung die Entstehung der Wortes „Familie" aufgeschlüsselt.

a) Etymologische Bedeutung von Ehe

Das Wort „Ehe" findet seine Bedeutung in den westgermanischen Wörtern „Gesetz", „ Recht", göttliches Gebot"[7] und beschreibt „die ganzheitliche Lebensgemeinschaft zw.[sic!] Mann u. [sic!] Frau, die ihrer Natur nach auf das Gattenwohl u.[sic!] die Zeugung u. [sic!] Erziehung v. [sic!] Nachkommenschaft hingeordnet ist"[8].

b) Etymologische Bedeutung von Familie

Die etymologische Bedeutung von Familie wird in dem lateinischen Wort „famolus"[9] zu Deutsch „Diener" gefunden. Die jedoch im heutigen Sprachverständnis negative Bedeutung von „dienen" (das Abhängig sein von jemandem) verzerrt den positiven Sinn sich zur Wichtigkeit der Familie zu öffnen. „Dienen" ohne die Variable dem abhängig sein von jemandem bedeutet dann, „Für jemanden etwas tun, ihm helfen."[10] *Im metaphorischen Sinne könnte Familie die „Hilfe zum Leben" sein.*

F für Fürsorge

Um die familiäre Fürsorge besser zu verstehen werden die drei theologisch-soziologischen Kernelemente von Familie durchleuchtet. Das Lexikon für Theologie und Kirche beschreibt diese drei Normenkomplexe in „Ehe, Elternschaft und Verwandtschaft.[11]"

---

[7] (Pfeifer, 2012)
[8] (Buchberger, 1995)
[9] (Pfeifer, 2012)
[10] (Pfeifer, 2012)
[11] (Buchberger, 1995)

a) Gedanken zur Ehe:

„In guten wie in schlechten Zeiten" versprechen sich Mann und Frau während ihrer Hochzeit, sich zu lieben und füreinander zu sorgen. Sich „Für Jemanden Sorgen" lässt wohl die Ehe zu einer der intensivsten „Diener- Verhältnisse" werden. Aus jeweils zwei unterschiedlichen Personen mit ihren eigenen Biografien, verschiedener sozialer Herkünfte usw. wird durch dieses Versprechen eine solide Einheit vor Gott gestaltet. Phänomenologisch erkennt man hierin die Aufgabe zur eigenen Hingabe. Jeder der Beiden lebte vorher als einzelner Seiender in seinem Sein. Erst durch das Eheversprechen geben sie ihr "Allein-Sein" auf und erbauen ein "Zusammen-Sein". So beschrieb Johannes Paul II. vom 22. November 1981 in seinem Apostolischen Schreiben die Ehe als die „erste Gemeinschaft [...], die sich zwischen den Eheleuten bildet und entwickelt: Kraft des ehelichen Liebesbundes sind Mann und Frau "nicht mehr zwei, sondern eins" und berufen, in ihrer Einheit ständig zu wachsen durch die Treue, mit der sie täglich zu ihrem Eheversprechen gegenseitiger Ganzhingabe stehen."[12] Deutlich wird, dass die Werte der Ehe keine einseitige Beziehung beschreibt, sondern die uneingeschränkte Gegenseitigkeit.

Auch durch die deutsche Rechtsprechung unterlieget die Ehe und die Familie dem besonderen Schutz des Staates [vgl. Artikel 6 GG]. Sowohl die theologischen als auch die politisch- rechtlichen Werte setzen die Ehe in eine enge Verbindung mit der Familie. Manfred Spieker pointiert „die natürliche *Finalität der Ehe*"[13] zu Recht in der *Familie*.

In der heutigen Gesellschaft erkennt man einen immer stärkeren Drang zum Narzissmus und die Vergötzung des eigenen Egos. Dieser wirkt sich ebenso auf die Ehe und Familie aus. „Deutsche wollen nicht mehr Familie sein" lautete der Zeitungsbericht in der die Frankfurter Allgemeine, welche den starken Rückgang der Familie beschreibt. Eine Begründung des rapiden Rückgangs wird in der sinkenden Zahl der Eheschließung[14] gesehen. Was macht die Ehe also zu einer solch tragenden, soliden Grundlage für die Familie?

---

[12] (Johannes Paul II)
[13] (Spieker, 2010)
[14] vgl. (Frankfurter Allgemeine Zeitung, 2007)

Die heutige Zeit ist übersät mit immer neuen Herausforderungen, die das Familienbild beeinflussen. Ein deutliches Bsp. ist die Patchwork- Familie.[15] Sie verkörpert, dass Mann und Frau beide berufstätig sein können und sich erfolgreich im Beruf behaupten, während die Kinder sich „fast" von alleine Erziehen.

Das Fundament der Familie, die Ehe, wird nicht mehr als Voraussetzung für ein gesundes Familienleben genutzt. Es scheint, als ob die Finalität des Liebesbandes der Eheschließung nicht mehr benötigt wird. Möchte man sich eine Türe freihalten, durch die man zur Not „fliehen" kann, wenn man etwas Besseres oder Lusterfüllenderes finden kann. Auch die Eheschließung an sich stellt scheinbar kein solides, emotional-moralisches Band der Gegenseitigkeit da, sondern erfüllt eher einen gesellschaftlich erwünschten „Status quo"[16] des menschlichen Zusammenlebens.

Aus den Werten des „Zusammen- Seins", der Gegenseitigen Liebe, entsteht zunehmend ein aneinander „Mit-Leben".

Der Werteverlust von Ehe und die dadurch kränkelnden Familienformen verlieren an ihrem Identifizierungscharakter. Diese Lähmung des Sinnbildes einer soliden Zwischenmenschlichen Einheit erkennt man auch in der derzeitigen Staatspolitik.

Immer seltener bekennt sich der Staat zu einem eindeutigen Familienbild. Viel mehr bemüht er sich die Familie als Wirtschaftskraft heran zu ziehen. Kindergartenplätze werden ganztägig geschaffen. Kampagnen von beruflichem Erfolg und sozialem Aufstieg vermitteln die „wirklichen Werte" der Gesellschaft. „Frauenquoten" versprechen den außerfamiliären Erfolg. Folgedessen kann und wollen Männer und Frauen ihren Lebensmittelpunkt nur noch schwer zusammen leben. Sie sind bereit in Fernbeziehung ihr Leben/ ihre Liebe zu gestalten, sodass jeder seinen eigenen, immer weniger einen gemeinsamen, Erfolg feiern kann.

---

[15] **PatchWork- Familien** beschreiben den Zusammenschluss, wo mindestens ein Partner seine Kinder aus einer vorherigen Beziehung mitbringt. Der altdeutsche Begriff „Stieffamilie" wird durch seine negative Bedeutung (Stief= beraubt) nicht gerne verwendet. [vgl. (Fam13)] [Anmerk. Des Autors: Wenn die damalige Betonung von „beraubt" durch den Tod eines Elternteils zu verstehen ist, könnte man heute auch das Auflösen eines Familiensystems darunter verstehen, indem die Kinder „gezwungen" werden, sich zu entscheiden bei wem sie wohnen möchten. Die Trennung der Eltern „raubt" ihnen Mutter oder Vater.

[16] Der Traum vieler Frauen „weiß" heiraten zu können.

Das lebenslange „hingeben" zu einander, wie es die traditionellen Werte der Ehe sind, werden durch einen stetigen Orientierungszwang der Ehepartner aufgehoben.

Die Ehe sinkt immer mehr zu einem Produkt, gleich der einer Ware.

Die Industriezweige überschlagen sich mit Erneuerungen und technischen Fortschritten. Diese versuchen das menschliche Leben immer Konflikt- und Hindernisfreier zu gestalten. Auch dieser Trend ist in der Ehe zu verzeichnen. Das Eheversprechen als Flat-Rat- Vertrag? Sorgenfrei verlängern oder fristgerecht kündigen? Die moderne Liebe orientiert sich ganz nach den Bedürfnissen des „Konsumenten". Bauman erklärt das zweischneidige Schwert der modernen Beziehung in einer Welt der ungebremsten „Individualisierung". Diese „sind voller konfligierender Wünsche die in unterschiedlicher Richtung streben. Einerseits gibt es den Wunsch nach Freiheit und losen Fessel [...]. Andererseits der Wunsch nach mehr Sicherheit durch engere Fesseln [...]."[17]

Das Begehren der nächsten Frau und des nächsten Gut etabliert sich zur Überlebensstrategie der Spaßgesellschaft[18]. Immer auf der Suche nach dem neuen Kick.

Der „Bund fürs Leben" verliert seine Kraft! Die Ehe als tragende Einheit für eine gesunde Familie ist in sich derzeit immer mehr von Fäulnis bedroht. Durch den Drang nach Hedonismus, privatem und beruflichem Erfolg und die stetige Gier sein Leben (hemmungslos) zu genießen, drängt vielmals die Entscheidung aus der gegenseitigen Liebe der Ehepartner eine Familie zu gründen, in den Hintergrund.

---

[17] (Bauman, 2003)
[18] vgl. (Theisen , 2009)

b) Gedanken zur Elternschaft

Ein weiterer Schwerpunkt des Familienbildes, die „Finalität der Ehe"[19], wird in der Elternschaft gesehen. Diese ist ein weiteres Phänomen der Fürsorge.

Aus der Sicht der katholischen Soziallehre, entsteht aus der Liebe der Eheleute zu einander und zu Gott, durch die Sexualität neues Leben. Die Eltern sind in europäischen Kreisen moralisch und rechtlich dazu verpflichtet, sich um das Neugeborgene zu sorgen. Agnes Heller beschreibt: „die Familie wird zu einzigen Gemeinschaft innerhalb der Gesellschaft, in der uneigennützig gehandelt wird und in der Gefühlsfähigkeit ausgebildet wird."[20] Die Eltern übernehmen sinnbildlich schöpferische Fähigkeiten, indem sie ihr Kind zu einem lebensfähigen Menschen formen dürfen und müssen. „Uneigennützigkeit" beschreibt in diesem Kontext viel deutlicher die bedingungslose Gegenseitigkeit. Jedes Elternteil sollte Best möglichst auf sein Kind einwirken, sodass es seinen (späteren) Lebensweg mit Verantwortung gehen kann. Einwirken als Vater, Mutter und als eine Eltern-Einheit. Aus sozialethischer Sicht wird die Familie als eine Institution beschrieben, in der „familienbezogene gesellschaftliche Leitbilder und Regulative der Sitte, Moral und des Rechs"[21] durch das gemeinsame Zusammenleben erlernt und gelebt werden.

Somit handelt die Familie nicht nur in sich, sondern wirkt sich auf das Gesellschaftsleben aus.

Die demografische Entwicklung der Neuzeit lässt deutlich erkennen, dass auch der Wunsch Eltern zu werden, immer weniger an Bedeutung gewinnt. „Fehlende innere Erlaubnis, das einseitige Streben nach Besitz und Vergnügen haben zusammen mit dem virulenten Geist des Feminismus kinderfeindliche Lebensformen geschaffen."[22] Diese führen dazu, dass „Leistungswahn, Reiselust, auch harmlose Geschlechtslust [...] einzelne wie das Ganze in die freud- und kinderlose Leere."[23] stoßen. Es scheint als wäre der Erwachsene

---

[19] (Spieker, 2010)
[20] (Knischek, 2006)
[21] (Buchberger, 1995)
[22] (Flöttmann, 13.06.2005)
[23] (Flöttmann, 13.06.2005)

nicht mehr bereit, seine Bedürfnisse und Lebensträume innerhalb der Familie auszuleben oder diese daran zu orientieren. Sich durch Gegenseitigkeit gemeinsam zu einem Ziel auszurichten. Durch die Liebe zweier Menschen eine Einheit aus beiden Körpern zu erschaffen und „das Neue" durch Erziehung zu einem Träger eines neuem „gemeinsamen Lebens"[24] zu formen.

Hedwig Conrad Maritius fixiert hierin die Aussage, welche wohl den modernen Menschen am meisten Angst einflößt. „Die Kinder sind das Selbsterzeugnis seiner Eltern."[25] Es scheint viel häufiger an Mut zu fehlen, sich der Wollust zu widersetzen, um sich durch ein Kind selbst Zeugnis über seine Biografie, seiner Herkunft und seiner Ideale geben zu müssen. Rechenschaft abzulegen und Verantwortung für das Handeln des Kindes und sein eigenes Handeln zu übernehmen.

Verantwortung die in den damaligen Großfamilien, durch ihre Vielzahl an Aufgaben, selbstverständlich war.

Durch die Dezentralisierung der Familiensysteme wurde die Unterstützung durch die Verwandtschaft, sich in die Kindeserziehung zu integrieren, erschwert. Gerade im heutigen leistungsorientieren Europa lässt das Gefühl des Versagens, die Ängste so stark werden, aus welchen man sich gegen die Entscheidung ein Kind zu gebären entschließt. Bevor man seine Zeit in ein nicht von vorne herein erfolgsversprechendes Projekt investiert, welches ggf. keinen oder nur bedingten Erfolg verspricht, sucht man sich Orientierung in vorhersehbaren Zielen.

---

[24] Anmerkung des Autors: Das „gemeinsame Leben" bezieht sich auf das Kind. Aus naturwissenschaftlicher Sicht existiert dieses durch die Erbanlagen von Mann und Frau. Durch die Erziehung übernimmt das Kind Werte und Normen beider Elternteile, die er im Späteren Lebenslauf durch Reflexionsprozesse verfeinert oder ablehnt und seinen eigenen Standpunkt zu diesen entwickelt. Somit besteht ein Kind immer aus Vater, Mutter und eigener Potenz.
[25] (Knischek, 2006)

c) Gedanken zur Verwandtschaft

Von Natur aus sind die Menschen mit einander verwandt. Der Mensch ist Teil der „Menschheitsfamilie". Durch die eine, gemeinsame Natur, so beschreibt es Reinhard Marx, ist der Mensch nicht nur Abbild seiner Kultur[26], Sitten und Normen. Wir sind mehr! Jeder ist ein Gleichnis Gottes.[27]

Spricht man im familiären Bezug von Verwandtschaft, definiert man hier durch „die Zugehörigkeit zur gleichen Familie".[28] Infolge der Industriellen Revolution wurden die Verwandtschaftsgefüge zerrissen. Die jüngeren Generationen zogen in die Städte um dort Arbeit zu finden. Durch diesen Schritt versprach man sich, die Kernfamilie abzusichern. Verwandtschaftsverhältnisse wurden extensiviert.

Dennoch liegen die wichtigsten Funktionen in der Verwandtschaft in der Unterstützung, in gesammelten Wissensbeständen und in der Identifizierung. Konnte man sich früher bzgl. bestimmter Termine schneller gegenseitig entlasten sucht man heute teils lange Zeit nach einer Kinderbetreuung o.ä. Erfahrungswerte und Wissensbestände der vorherigen Generationen wird immer mehr durch Threats im Internet abgelöst und verallgemeinert. Realität verschwimmt im Netz. Die Gespräche mit Oma und Opa werden visuell mit Chat- Programmen durchgeführt oder teilweise auf Pflichtbesuche zum Wochenende begrenzt. Dieser Trend lässt einen deutlichen Werteverlust des familiären Netzwerkes erkennen. Im Unterpunkt I für Identität wird nochmals auf die Relevanz der verwandtschaftlichen Biografie eingegangen.

Zusammenfassung:

Es ist festzuhalten, dass die christlichen Werte der Ehe den modernen Werten des Lebens, der des Spaßes und Belustigung, nur sehr schwer standhalten können. Aus dem „Gemeinsam leben" wird eine Mischung des „Gem-Einsamlebens." Die sinkenden Ehezahlen sind auch durch den starken Wunsch der widerstandslosen Selbstverwirklichung zu erklären. Der pluralistische Individualisierungswunsch, die Verpflichtung nach Flexibilität usw.

---

[26] vgl. (Marx, 2009)
[27] vgl. (Marx, 2009)
[28] (Pfeifer, 2012)

erklären den abnehmenden Wunsch Kinder zu bekommen. Sie könnten die eigene Biografie entschleunigen oder man zweifelt an den eigenen bzw. den Fähigkeiten seines Partners sein Leben mit Kind leben zu können.

„Die Ehe ist nicht länger die Basis einer Vereinigung von zwei Menschen. Lebensgemeinschaften (in denen Paare Zusammenleben und eine sexuelle Beziehung unterhalten) sind in den meisten Industriegesellschaften weit verbreitet."[29]

„Ehe und Familie haben infolge des erweiterten Spektrums an Handlungsspielräumen an Attraktivität verloren, [sic!] und anders strukturierte Variationen des Zusammenlebens drängen stärker in den Vordergrund."[30]

Das Familienbild der „Kernfamilie"[31] wird sich nicht auflösen. Auch werden immer Familiensysteme gegründet und fortbestehen. Festzuhalten ist jedoch, dass die Ehe in den letzten Jahrzehnten einen enormen Attraktivitätsverlust erfahren hat und der Anteil der Nicht- Heiratenden stetig gewachsen ist.[32] Es stellt sich die Frage, ob durch den Verlust der Ehe die Wertemoral des familiären Zusammenlebens an Geltung verliert. Die Ehe als Liebesbündnis zwischen Mann, Frau und Gott verliert an seiner Kraft.

---

[29] (Giddens, et al., 2009)
[30] (Geißler, 2011)
[31] **Kernfamilie** Als Kernfamilie wird die familiäre Gemeinschaft von Eltern und ihren noch minderjährigen sowie ökonomisch unselbständigen Kindern bezeichnet, die in der Regel zugleich auch eine Haushaltsgemeinschaft ist. Zur erweiterten Familie zählen Verwandte sowie angeheiratete Personen. [Stefan Kutzner]
[32] vgl. (Geißler, 2011)

A für Autorität

„Das Schicksal des Staates hängt vom Zustand der Familie ab."

Alexandre Rodolphe Vinet (1767-1847)

Im folgenden Kapitel wird die Autorität der Familie durchleuchtet. Zielführend ist es, die Abhängigkeit des Staates gegenüber der Familie darzustellen und das Machtverhältnis Familie zum Staat darzulegen.

Der Staat ist „eine politische Herrschaftsform, die das Zusammenleben einer Gesellschaftsformation innerhalb festgelegter territorialer Grenzen regelt"[33]. „„Die Bundesrepublik Deutschland ist ein demokratischer und sozialer Bundesstaat."[34] Ende des Jahres 2011 leben mehr als 81,8 Millionen[35] Personen in der Bundesrepublik.

Autorität beschreibt ein bestimmtes Machtverhältnis. Dieses kann positiv, durch die Vorbildfunktion und negativ durch Unterdrückung aufgebaut werden. Stellen wir uns die Masse von 81,8 Millionen[36] Einwohner die im Jahr 2011 in Deutschland lebten vor und setzen diesen als Gegenüber die 11,71 Millionen Familien[37]. Es wäre gedanklich ein Kampf gleich dem von David gegen Goliat. Familie, der Konkurrent der Gesellschaft?

Der Familiensoziologe Kurt Lüscher charakterisiert die „Gegenstruktur" der Familie zur Gesellschaft als Sinnstiftung zur Familie. „Wo Rationalität, Effizienz, Nützlichkeit zu überborden drohen, macht Familie geltend, dass auch die Gegenteile zum alltäglichen menschlichen Zusammenleben, mithin zum Menschsein gehören."[38]

Familie- als Lebensraum der Menschlichkeit. „Familie ist- wie die Religion- eine universale Institution, weil sie die Funktionen erfüllt, ohne die die Gesellschaft

---

[33] (Pfeifer, 2012)
[34] vgl. *Grundgesetz: Art. 20 Abs. 1 GG*
[35] (Destatis)

[37] (Bundeszentrale für politische Bildung)
[38] (Lüscher, 2001)

nicht überleben könnte."[39] Laut J.W. Goode ist ein gesellschaftliches Fortleben ohne Familie nicht möglich. Was macht somit die Macht der Familie dem Staat gegenüber aus.

Heinz Lampert beschreibt in den externen Effekten[40] von Familie in erster Funktion die „quantitative Sicherung des Nachwuchses"[41]. „Mit der physischen Reproduktion der Gesellschaft erfüllt die Familie ein Erfordernis eines jeden sozialen Systems, das [sic!] das Ziel der Selbsterhaltung verfolgt:"[42] Es scheint logisch, dass eine Gesellschaft sich nur durch Nachkommen erhalten kann. Doch reicht eine erhöhte Geburtenrate nicht aus, um den Staat zu sichern. Menschen, die sich nicht zueinander verpflichtet fühlen, stehen sich gesellschaftlich als Leere Masse gegenüber. Was verbindet also die Menschen in einer Gesellschaft?

Was gibt ihr die Qualität eine Gesellschaft zu sein?

Ein tragendes Fundament für eine „gesunde" Gesellschaft ist die qualitative Reproduktion, in der Familie, von Werten, Normen, Traditionen usw., die den Nachkommen durch Erziehung, Betreuung und Versorgung angelernt werden. „Die Investition der Familie in ihre Kinder sind Investitionen in das Humanvermögen der Gesellschaft."[43]

Humanvermögen- „ zum einen die Gesamtheit der Kompetenzen aller Mitglieder einer Gesellschaft. Zum anderen soll mit diesem Begriff in einer individualisierenden, personalen Wendung das Handlungspotenzial des Einzelnen umschrieben werden,[...].""[44]

Humanvermögen fordert somit die „Hingabe seiner eigenen Fähigkeit" zum Gemeinschaftswohl und bietet damit die Möglichkeit sich in einer komplexen Welt

durch sein eigenes Handeln zu individualisieren bzw. sich mit den bestehenden Anforderungen zu arrangieren.

---

[39] (Goode, 1972)
[40] Externe Effekte der Familie= Wie wirkt sich Familie auf die Gesellschaft aus?
[41] (Lampert)
[42] (Lampert)
[43] (Lampert)
[44] (Keil, 2010)

Familie, nicht nur Motor des Lebens, sondern auch Motor der Gesellschaft. Die Gegenseitigkeit der Ehe und der Elternschaft wird aus den Familien in die Gesellschaft getragen.

Ebenso ist im Humanvermögen auch das Humankapital verankert. Hierdurch identifiziert sich ein Staat durch seine Biografie. Diese Biografie ist der „Fingerabdruck" der Gesellschaft. Spiegelt Gutes und Schlechtes wieder. Allein durch die familiäre Verwandtschaft übertragen sich, in einem dynamischen Familienverhältnis, die Erfahrungen, Erlebnisse usw. der älteren Generation auf die Jüngere. Wissen über Gefahren und wohltuende Zeitepochen werden durch Schriften, Gedichte, Lieder, aber auch Erzählungen weiteregegeben. Familie- ein Ort der Kultursicherung. Jeder Staat ist auf sein kulturelles Gut angewiesen, um in einer wirtschaftlich schnelllebenden Zeit die Orientierung zu bewahren. Die Familien sind somit die kleinste Staatszelle, die diesen Auftrag am intensivsten Ausführen und sicherstellen können.

Als letzte Gedankenanregung bezüglich der Autorität der Familien dem Staates gegenüber, liegt in den externen Effekten der erwachsenen Familienmitgliedern.[45]

Hierin erkennt man den Schwerpunkt der Fürsorge. Früher mehr denn heute, übernahm meist ein Familienmitglied die Versorgung der Eltern im Alter. „Die materielle Versorgung, die Pflege im Falle von Krankheit und die Beiträge zur Regeneration und Erhöhung stellt wiederum Beiträge zur Erhaltung des Humanvermögens, [...] dar."[46] Durch die positive Auswirkung der erbrachten Fürsorge (erstmals in den Familien) etablierte sich, vor allem nach dem 2. Weltkrieg, das Sozialstaatsprinzip (Fürsorgestaat) als ein Staatsgefüge, welches die Würde des Menschen anerkennt und sichert. Familienformen entwickeln sich zu Staatsnormen.

Es wird deutlich, dass die Familie der Nährboden des Staates ist und der Staat nur eine blühende Pflanze.

---

[45] vgl. (Lampert)
[46] (Lampert)

Schon 1983 pointierte Wolfgang Zeidler in seinem Artikel „Ehe und Familie" die Problematik der Familienbildung und den daraus beginnenden demographischen Wandel zu einer uns noch in der Gegenwart drohenden Gefahr. „ Mit Rücksicht auf die sich abzeichnende demographische [sic!] Situation wird die zahlenmäßige Ausbalancierung der Generationsstruktur zur Überlebensfrage für unsere soziale, wirtschaftliche und damit letztlich auch verfassungsmäßige Ordnung."[47]

Durch die in der Familie erlernten Kompetenzen und den beginnenden Individualisierungsprozess, durch die Vermittlung von Werten und Normen übt, unter der Voraussetzung, dass die Erziehung den Normen und Werten der Gesellschaft entspricht, jedes Familienmitglied seine vorbildliche Autorität dem Staat gegenüber aus. Es mahnt an, wenn die Würde und das Recht nicht berücksichtigt werden, gleichsam den Eltern die ihr Kind tadeln müssen. Die Familienfürsorge, gelebte Gegenseitigkeit, überträgt sich auf das Staatswesen.

Negative Autorität beschneidet den Staat und bringt ihn zu Fall. Eine Familie die sich nicht durch ihre Biografie entwickelt, ihre Nachkommen nicht schützt und sie nicht zum Leben fördert, vertrocknet.
Ein Staat, in dem die Familien ihre Herkunft nicht kennen, beraubt sich seiner Kultur. Ein Staat, der seine Grenzen zu anderen Kulturen nicht schützt und „das Leben" der Wirtschaft zur Verfügung stellt, verwelkt.

---

[47] (Zeidler, 1983)

M für Moralität

Moral bezeichnet ein gesellschaftlich bedingtes System von Normen und Regeln sittlichen Verhaltens.[48] Wie im vorherigen Kapitel aufgeführt, überträgt sich moralisches Handeln aus der Familie auf den Staat oder die Familien tolerieren das unmoralische Verhalten des Staates.[49] Emile Durkheim thematisierte in seinen Beobachtungen, dass die schnellen Veränderungen der Welt bedeutende soziale Schwierigkeiten und somit zerstörerische Auswirkungen auf traditionelle Lebensstile, Moralvorstellungen, religiöse Glaubensvorstellungen und alltägliche Verhaltensmuster haben können.[50] Die Auswirkungen der industriellen Revolution führten zur übertriebenen Euphorie der Familien, ihren Lebensstandard anzuheben. Im Laufe dieser Entwicklung kam es zu immer mehr Anpassungsvoraussetzungen an die Person und an die Familien. Fehlt der Familienmoral immer mehr die Orientierung? „Orientierung zu haben setzt voraus, dass man einen Standpunkt hat, auf dem man steht und –vor allem- zu dem man steht. Das scheint mir die Crux unserer Zeit zu sein, auf Orientierung zu verzichten, weil man einen Standpunkt einnehmen müsste."[51]

Vor allem durch die Erziehung der Eltern und Verwandten fließen moralische Grundwerte des menschlichen Zusammenlebens in die Entwicklung des Kindes mit ein. Familie bildet „eine Gemeinschaft der Liebe und der Solidarität (…), die in einzigartiger Weise geeignet ist, kulturelle, ethische, soziale, geistige und religiöse

Werte zu lehren und zu übermitteln, wie sie wesentlich sind für die Entwicklung und das Wohlergehen ihrer eigenen Mitglieder und der ganzen Gesellschaft."[52]

---

[48] (Pfeifer, 2012)
[49] Zweifelsfrei muss man nun zugeben, dass auch aus guten Familienverhältnissen ´sittenwidrige´ Nachkommen hervortreten können, diese aber nicht durch das System „Familie" sondern durch ihre menschliche Freiheit (siehe Identität und Integrität) einen unmoralischen Weg einschlagen (möchten).
[50] (Giddens , et al., 2009)
[51] (Wildfeuer, 2008)
[52] (Johannes Paul II. , 22.10.1983)

Im Schreiben von Johannes Paul II „ Familiaris consortio" bezieht er einen klaren orientierungsgebenden Standpunkt für die Familie.

Normen und Werte sollten durch das gemeinsame Leben in der Familie vorgelebt und somit für Heranwachsende erfahrbar gemacht werden. Im alltäglichen Zusammenleben können die Kinder im gegenseitigen Umgang der Eltern, aber auch dem Verhalten der Eltern den Kindern gegenüber, die Wichtigkeit moralischen Verhaltens erfahren, verinnerlichen und später reflektiert einsetzen. Hierzu gehört auch unmoralisches Verhalten erkennen und ggf. adäquat auf Solche einwirken.

Die moralischen Prinzipen der Ehe bestehen aus der „gegenseitige Persönlichkeitsentfaltung der Gatten in Liebe" und der „Zeugung u. Pflege v. Nachkommenschaft in Liebe. [...] dennoch erreicht ihre Ehe erst dann die Vollendung, wenn sie ihre Liebe auf das Kind hin offen sein lassen wollen."[53]

Somit beschreibt die Moral der Familie eine ewige Offenheit. Offenheit- nicht in Form von Grenzenlosigkeit und uneingrenzbarer Freiheit, sondern die Offenheit sich füreinander zu interessieren, füreinander zu leben sich im geschütztem Raum der Familie gegenseitig zu entwickeln. Offen sein für die Liebe, das gemeinsame Wohl, die Unterstützung und auch der Kritik aneinander. Diese Offenheit der Familie bildet eine Rückfallebene, ein Zufluchtsort gegenüber Bilanz, Effizienz und Routine.

Die Erziehung zum gerechten, hilfsbereiten und liebenden Menschen kann nur aus solchen Ehen entstehen, in denen die Offenheit Zueinander gegeben ist. Sich jeden Tag neu erfahren, sich durch Vertrautes sicher fühlen und durch Neues entwickeln. Eine Ehe ohne Offenheit, gefangen durch den Wunsch zum Erfolg des Einzelnen, errichtet Mauern und Hemmnisse.

Moralische Erziehung lehrt in Offenheit seine Freiheit auszuleben ohne seine Freiheit in der des anderen zu suchen. Den Zeitgeist zu erkennen und hieraus

---

[53] (Hörmann)

Chancen des" Wir's" und Risiken des „Ich's" abzuleiten. Moralische Erziehung führt uns zurück auf die Botschaft der Liebe. *„Liebt einander! Wie ich euch geliebt habe, so sollt auch ihr einander lieben"*[54]. Nur die Offenheit zur Gegenseitigkeit lässt in der Familie das Bewusstsein entstehen, Lieben zu dürfen und geliebt zu werden. Für einander und hieraus miteinander leben. Dieses Bewusstsein akzeptiert auch Fehlentscheidungen einer Person und mobilisiert zum Streben nach dem „Richtigen".

Die modernen moralischen Erziehungsansätze beschreiben Handlungsnormen, die Aufgrund ihrer Komplexität im Kern für viele Personen verschlossen sind. Sie lassen erkennen, dass der Mensch wissenschaftlich durchleuchtet wird. Man läuft Gefahr Erziehung zu verschleiern. Setzt moralische Maßstäbe der Gleichberechtigung, der Freiheit, der Individualität. Fokussiert nicht das EINE sondern immer häufiger das EINZELNE an. Wilhelm Faix konkretisiert die Aufgaben der moralischen Erziehung gegenüber den pluralistischen Ansätzen der modernen Zeit.

„Es gehört darum zur Erziehung des Menschen, wertvolle und gute Werteeinstellungen zu fördern. Damit stehen die Persönlichkeitserziehung und Charakterbildung an oberster Stelle im Erziehungsalltag und nicht die Wissensvermittlung. [...] Es kann nicht Aufgabe der Erziehung in Familie und Gemeinde sein, den weltanschaulichen Pluralismus zu überwinden, vielmehr geht es darum, Kinder für das Leben unter pluralistischen Verhältnissen mit ihren Chancen und Gefahren auszurüsten."[55]

Der heilige Apostel Paulus fordert auf:
„Wer den andern liebt, hat das Gesetz erfüllt. Denn die Gebote: Du sollst nicht die Ehe brechen, du sollst nicht töten, du sollst nicht stehlen, du sollst nicht begehren!, und alle anderen Gebote sind in dem einen Satz zusammengefasst:

---

[54] (Joh 13,34)

[55] (Faix)

Du sollst deinen Nächsten lieben wie dich selbst. Die Liebe tut dem Nächsten nichts Böses. Also ist die Liebe die Erfüllung des Gesetzes". [56]

I für Identität

„Da sollen Kinder ein eigener Mensch werden und gleichzeitig eine soziale Identität ausbilden." [57]

Durch seine reflexiven Fähigkeiten steht der Mensch, egal in welchem Alter, in der stetigen Auseinandersetzung zu sich und seiner Umwelt. Diese innere Zusammenkunft des eigenen Ichs und den äußeren Eindrücken beeinflusst die Identitätsentwicklung. Nach Rolf Oerter und Leo Montada basiert die menschliche Identitätsentwicklung auf zwei Prozessen, der Selbsterkenntnis und Selbstgestaltung.

Nach Oerter und Montada setzt das psychologische Konzept der Identität die Identifizierung der eigenen Person mit etwas anderem voraus. Hierzu gehören z.B. Merkmale einer bestimmten Gruppenidentität, deren spezifischen Wesensmerkmale man in seine persönlichen Merkmale übernimmt. Ein Kind ist somit durch seine Herkunftsfamilie in seiner Identitätsbildung beeinflusst, nicht aber festgelegt.
Nach den Analogie des Seins von Thomas von Aquin enthält jeder Mensch seit Beginn seines Lebens Potenzen (Fähigkeiten) dessen er sich nur bewusst werden muss und sie dann entwickeln muss.

Wie in vorherigen Kapiteln aufgeführt, werden nun die Verwandtschafts-biografien, die Umgangsformen innerhalb der Familie und auch die Werte im Lebensbereich des Kindes ein wichtiger Punkt seiner Identitätsbildung. Sie wirken besonders formend auf die Persönlichkeit eines Kindes ein. In späteren

---

[56] Römerbrief 13,8-10
[57] (Jünemann, 2009)

Entwicklungsstadien (Adoleszenz) wird es durch sein Erfahrenes und Erlebtes sein Selbst weitere gestalten, seine Wesenseinheit in Eigenverantwortung weiter formen.

Familie- Ort der Identifikation.

Durch die Identitätsbildung öffnet sich das Individuum der Fragestellung „Wer bin ich?"; „Was kann ich?"; „Wo komm ich her?"

Man orientiert sich an Personen, die die eigenen moralischen Werte, Prinzipien usw. leben und distanziert sich von Mitmenschen, die mit der eigenen Identität nicht kompatibel sind.

Deutlich wird es in der gesellschaftlichen Entwicklung nach dem 2. Weltkrieg. Die Kriegsgeneration bemühte sich durch den Wideraufbau Deutschlands seinen Kindern eine kriegs- und sorgenfreiere Zukunft ermöglichen zu können.[58] Sie durchlebten nach den Kriegsjahren in den 50er Jahr das Wirtschaftswunder und bemühten sich, eine neue „heile" Welt aufzubauen. Man erzog die Kinder zu Wachsamkeit gegen menschenfeindliche Politik.

Die Generationen der „Wilden 60er" konnten sich mit der familiären Biografie der Eltern- Generation in Bezug zum Nationalsozialismus nicht mehr identifizieren. Sie zweifelten Familiensysteme und die vorgelebten Ideale und Werte der Eltern und Gesellschaft an,- rebellierten.
Die Fähigkeit des demokratischen Zusammenlebens und die Werte der Menschenwürde widersprachen der Vergangenheit der Verwandtschaft. Stellten viele Studenten vor die Frage, was ihre Eltern getan/ unterstützt/ toleriert haben und wie sie sich dem gegenüber verhalten müssen.

Die Identität ist somit ein „plurales Individuum". Durch Kultur, Normen , Werte, das Humankapital, die Gesellschaftlichen Epochen, ebenso wie die Biografie der Ahnen, Verwandtschaft und der eigenen Familie kann der Mensch niemals

---

[58] Beitritt zum Europa Bündnis; Sozialstaatsausbau usw.

individuell sein. Aus der Erfahrung und dem Lebens seiner Vorfahren und Nächsten, den kulturellen Gegebenheiten, seinen eigenen Erfahrungen und seiner Familie entwickelt sich jedes Individuum zu einem eigenständigen Lebewesen. Seine Persönlichkeit besteht somit aus der Mehrzahl seiner Biografie, seiner Herkunft, kulturell- gesellschaftlichen Aspekten und seinen Ahnen. Es ist DAS EINZELNE aus DEM VIELEN- „Plurales Individuum".

Dieser Gedanke fordert von den Eltern eine sehr hohe und intensive Reflexionsbereitschaft. Dem eigenen Kind Schwächen einzugestehen, sodass das Kind selbst Schwächen zeigen kann. Stärke zu beweisen, um dem Kind seine Stärken bewusst zu machen.

Die Identitätsbildung ist eines der wichtigsten und allumfassendsten Aufgaben im Familienleben. Sie definiert später die Besonderheit einer jeder Familie und im Familiensystem die Bewusstwerdung des Individuums. „Wer bin ich?"; „Was kann ich?"; „Wo komm ich her?".

L für Loyalität

Die Urbedeutung von Loyalität wird in dem „treu sein" zu etwas oder jemandem begründet. Es beschreibt die Orientierung und Einhaltung von moralischen Werten innerhalb eines Systems. Boszormenyi-Nagy und Spark betonen jedoch die Crux der Familienloyalität. Während man gesellschaftliche Beziehungen beenden und beginnen kann, so bleiben familiäre Beziehungen auch über den Tod hinaus bestehen. Das emotionale Verbundenheitsgefühl zu seinen Familienmitgliedern kann man abschwächen und verdrängen, seine biologische Abstammung nicht.[59]

Die Loyalitätsverpflichtungen innerhalb der Familie beschreibt in erster Linie die Gegenseitigkeit. Die Eltern verpflichten sich bei der Familiengründung, sich (gemeinsam) um das Kind und seine Bedürfnisse zu sorgen. Das Neugeborene nutzt von Beginn an diese elterliche Treue um sich zu entwickeln. Durch diese Entwicklung erhält das Kind immer mehr Fähigkeiten seine Eltern zu unterstützen und sich in dieses Loyalitätsverhältnis zu integrieren.

Die Familienformen stellen somit die kleinste Zelle der Generationsgerechtigkeit her. Die Eltern bauen während der Kleinkindphase ihres Kindes ein Punktekonto auf, indem sie die Aufgaben des Kindes übernehmen, die es noch nicht selbst erledigen kann. Bleibt durch eine positive Familiendynamik das Loyalitätsverhältnis aktiv[60] bestehen, übernimmt das Kind im späteren Familienverlauf die Aufgaben für die Eltern, die sie ggf. altersbedingt nicht mehr selbstständig erledigen können oder zur allgemeinen Entlastung.
Die Loyalität in der Familie könnte somit als Ergebnis der vorherigen aufgezählten Familienschwerpunkte gesehen werden.

Durch eine gutgeführte Ehe, die sich der Gegenseitigkeit der Ehepartner und dem Kind verspricht und sich zu seiner Familie bekennt, entsteht eine Ebene

---

[59] vgl. (Psy13)
[60] Der Autor bezieht sich hier auf den gegenseitigen Wunsch der Familienmitglieder, sich weiterhin aktiv und gemeinsam den moralischen Werte und Familienideale hinzuwenden.

deren geistig- sozialen Errungenschaften in Hinblick auf geistiges, künstlerisches und humanitäres Kapital weitergegeben werden. Diese Errungenschaften der Familien gilt es vor der derzeitig scheinenden Orientierungslosigkeit des Staates zu schützen.[61] - Autorität zeigen. Diese Autorität ist jedoch nur dann standhaft, wenn sie sich durch gemeinsame moralische Werte begründen lässt. Hierüber hinaus werden Identitäten und das menschliche Zusammenleben geprägt und strukturiert. Besonders in einer multi- kulturellen Gesellschaft stellt das Identitätsbewusstsein der Familienmitglieder eine hohe Anforderung an die Staatsidentifizierung.

Durch die Treue der Familienmitglieder zueinander, knüpft diese Gemeinsamkeit ein Todes überwindendes Band und wirkt sich auch auf den Staat aus. Nachkriegsfamilien erkennen durch ihre Ahnenbiografie die Sinnlosigkeit des Völkermordes, schätzen das menschliche Leben Wert und bemühen sich durch die Aufrechterhaltung des Sozialstaates, die Würde des Menschen zu schützen.[62] Diese Handlung ist ein deutliches Zeichen, dass sich durch die Ahnenbiografie eine gewisse Loyalität ableiten lässt, dass keiner mehr zu Unrecht tötet wird oder getötet werden kann.

Jeder Mensch entscheidet aufgrund des Erlebten aber auch durch Erzählungen sich durch seine Handlungen im gesellschaftlichen Kontext einzusetzen. Hierzu ist es wichtig die persönlichen Wertesysteme in seine alltäglichen Handlungen durchgehend einzubinden. – persönliche Integrität.

---

[61] Bsp.: Es gilt kultur-politische Entscheidungen, Familienpolitik usw. wesentlich wachsamer wahrzunehmen, um die Familie nicht als Wirtschaftsunternehmen verkommen zu lassen. Den Schutz der Ehe als sinnstiftendes Bündnis zwischen Mann und Frau zu wahren und ihn nicht in die Utopie der Gleichheit zu verschleiern.
[62] vgl. Grundgesetz Artikel 1 Absatz 1

I für Integrität

„Persönliche Integrität ist die fortwährend aufrechterhaltene Übereinstimmung des persönlichen Wertesystems mit dem eigenen Handeln. Grundlage des Wertesystems ist eine religiöse, politische oder humanistisch begründete Ethik."[63]

Durch die Familie wird der erste Baustein, unter Berücksichtigung der Gegenseitigkeit und Offenheit zu einander, zu einem integren Menschen gesetzt.

Durch die Identifizierung mit seinem eigenen Handeln unter Berücksichtigung der bekannten Werte, beginnt sich der Mensch in seine Umwelt zu integrieren. Dies geschieht unter den Reflexionen mit den erlernten oder nicht erlernten religiösen, politischen und humanistischen Wertevorstellungen. Integrität vollzieht somit den Akt der eigenen Mensch(bewusst)werdung- Seine Fähigkeiten erkennen und einsetzen. Dies bedeutet mit Erfolg ebenso wie mit Niederlagen umgehen zu können. Besonders in den kritischen Phasen der eigenen Bewusstwerdung ist ein System wichtig, welches Halt und Sicherheit gibt. Im Idealfall die eigene Familie. Dennoch können auch Kinder, deren Lebensmittelpunkte in Heimen oder Pflegefamilien zentriert sind, durch eine sichere Anlaufstelle „in sich eins" werden. Allerdings spielt auch hier die Herkunftsfamilie eine wichtige Rolle der integren Entwicklung.
Integrität setzt keinen starren Lebensweg voraus der gesellschaftlich erfolgsversprechend ist. Sie beschreibt viel mehr das „in sich zufrieden zu sein". Eine in sich zufrieden Person kann somit für sein Handeln Rechenschaft ablegen und sich somit in der Menschenfamilie[64] durch seine persönliche Charaktere einbringen. Sich nicht nur mit der Familienkultur identifizieren sondern sich auch in die Staatsstruktur einbringen.

---

[63] (Wik13)
[64] Synonym für Gesellschaft

E für Erziehung

"Der Mensch kann nur Mensch werden durch Erziehung. Er ist nichts, als was
die Erziehung aus ihm macht."[65]

Die schwierigste Aufgabe für die heutige Familie stellt wohl die Erziehung der
Kinder da. Durch den immer deutlicheren Wunsch beider Eltern, neben der
Familie das eigene Leben ohne, oder mit wenig Hemmnisse führen zu wollen,
werden Kinder sehr früh und immer häufiger in Ganztagesgruppen,
Ganztagsschulen integriert oder zu Tagesmüttern für die Tagesbetreuung
abgegeben. Hierdurch „verspielen" die Eltern ihre Chance ihr Kind nach ihren
Werten und durch ihre (offene) Liebe zu erziehen.

Erziehung bedeutet viel weniger Zwang und Auflegen von Doktrinen, sondern
viel mehr Heranziehen zu einem lebensfähigen und familienfähigem Menschen.
Hierüber hinaus wächst der Zögling in die Gesellschaft, in der er später seine
Rolle suchen muss. Kant erkennt die Erziehung nicht als Aufgabe, sondern als
Kunst, welche durch die Erziehenden nur durch einen stetigen Prozess der
Selbstreflektion verführt werden kann.

Selbstreflektion ist ein Vorgang, der sowohl alte Wunden öffnen, ebenso auch
alte Glücksgefühle wecken kann. Die Selbstdurchleuchtung kann nur dann
zielführend sein, wenn man sich selbst kritisieren und loben kann. Es bedeutet
sich auch „Zeit für sich und seine Gedanken zu nehmen."

Die Kunst des Erziehens ist nur dann aus dem „Inneren" heraus, wenn der
Erziehende integer ist. Seine Werte und Normen im Inneren seiner Person und
durch seine Handlung und Haltung vereinen. Somit erzieht er nicht nur das
Kind, sondern lebt ihm seine Erziehung vor.

Durch die hedonistischen Lebensformen wird es immer schwerer, sich Zeit für
die innerer Einkehr zu nehmen. >>Sich mit sich, für sich zu beschäftigen<<

---

[65] (Kant, 1803)

bedeutet sich zu orientieren und zu erkennen. Dieser Prozess ermöglicht dem Erziehenden, welcher auch nach anstrengenden Phasen eine innere Zufriedenheit herstellt, sich authentisch auf seine Erziehungsaufgaben einzulassen.

Die stetig steigenden Zahlen von Kindeswohlgefährdungen[66] lassen erkennen, dass die heutigen Eltern immer weniger ihre Normen und Werte auf ihr Kind projizieren können, bzw. nicht mehr in der Lage sind, die richtigen Werte zu vermitteln. „Ein Kind fördern fordert."

Jedes Elternteil, welches sich für Nachwuchs entscheidet muss sich wieder bewusst werden, dass die Förderung des Kindes vor allem Zeit, Kraft, Liebe und Offenheit für das Neue fordert. Es fordert auch die Entwicklungsfähigkeit der Eltern ein. Sich gegenseitig zu entwickeln. Nicht nur das Kind durch die Eltern, sondern auch die Eltern am Kind.

Zum Schluss unter dem Punkt der Erziehung ist der gesellschaftliche Druck zu sehen. Wenn die Werte der Erziehung früher sich an soziale Regeln (Höflichkeitsformeln usw.) orientierten, fokussieren heutige gesellschaftliche Ideale die frühe „Erfolgserziehung" an. Englischkurse für Kleinkinder, Schwimmkurse für Säuglinge, Kreativkurse für Säuglinge und Kleinkinder stehen heute immer häufiger als Zeichen einer guten Förderung. Kinder erlernen hier Fähigkeiten die sie im späteren Leben „weiter bringen sollen". Dieser offenbare Leistungsdruck der hier auch auf die Eltern übertragen wird, stellt schon vor der Geburt des Kindes, sogar schon vor der Zeugung die Eltern von gravierendem Selbstzweifel ggf. versagen zu können.

---

[66] Wohlstands-/ Verwahlosungen

Zusammenfassung

Die Familie steht in den aktuellen Jugendumfragen seit Jahren auf stabilen Werten. Wenn gleich auch der Wunsch zu heiraten nicht mehr nur aus der religiösen Ideologie, viel mehr durch den Status Quo erfolgt, lebt die Junge Generation auf das Ziel einer Familiengründung zu. Dennoch zeigen die Statistiken des Bundesamtes und die Auswirkungen des Demografischen Wandels, dass es an der Umsetzung der Familiengründung fehlt.

Gründe dieses Scheiterns sind in den Lebensformen und den gesellschaftlichen Anforderungen zu suchen. Immer deutlicher entwickelt sich in der heutigen Zeit die Erfolgscharakteren. Durch einen guten Beruf und einen möglichst freiwählbaren Lebensweg verlieren sich die Menschen in der Prestige-Falle. Sich- dar- zu- stellen etabliert sich zu den neuen Leitsätzen.

Des Weiteren wurde die Wichtigkeit der Familie durch die Wirtschaft „aufgekauft". Wenn aktuelle Wirtschaftskampagnen auf die Möglichkeiten von Beruf, Erfolg und Familie drängen, orientiert man sich jedoch immer noch stärker auf Beruf und Erfolg. Gelebte Familie wird eine Randerscheinung.

Ebenso werden die Anforderungen an Familie verzerrt. Die Förderung des Nachwuchses sollte sich nicht auf die Erziehung zu einer „High- Funktion-Persönlichkeit" einlassen. Ein Überfluss an Lektüren, Ratgebern, Vereinen usw. erschweren und überfordern junge Eltern bis hin zur totalen Verunsicherung.

Auch die vorher ausgearbeitet Aufgaben und Anforderungen an Familie lassen erkennen, dass sich Paare in ihrer „Freiheit" nicht eingrenzen lassen wollen. Ihre Beziehung häufiger nach dem Zweck ausrichten und sich auf eine „Zwei-samkeit" und nicht nach der „Ein-samkeit" orientieren wollen.

Ein weiteres Hemmnis für die Zeugung eines Kindes ist die wirtschaftliche Einschränkung. Die Bereitschaft seinen Lebensstandard herunter zu drosseln, um den (durch die Gesellschaft teils übertriebenen und erwarteten[67]) finanziellen Anforderungen des Nachkömmlings gerecht zu werden, sinkt. Man verlagert dann die Unlust sich einzuschränken, auf das „Wohl" des (ungeborenen) Kindes, welches man besser nicht gebären sollte, weil nicht ausreichend finanzielle Mittel zur Verfügung stünden.

Was muss geschehen?

„Durch Deutschland muss ein Ruck gehen"- so verdeutlichte Roman Herzog in seiner Grundsatzrede, dass die Deutschen den Teufelskreis aus Resignation, Reformblockade und Verlust an wirtschaftlicher Dynamik durchbrechen müssen.

„Durch Deutschland muss ein Ruck gehen"- ein Ruck, der die Familie wieder zu seiner Stärke, als kleinste Zelle des Staates, führt. Der Staat darf die Familie nicht durch eine Überfüllung an Angeboten und durch falsche Kampagnen in die Irre führen. Vielmehr muss er sie stärken in Traditionen und ihnen gemeinsame Zeit ermöglichen.
Die hedonistischen Gesellschaften müssen ihre weltliche Bestimmung wieder erkennen, im Leben UND Leben schenken. Sich nicht in egomanen Definitionen der Freiheit zu verlieren und nur für sich zu leben.

„Durch Deutschland muss ein Ruck gehen"- der den jungen Paaren nicht nur den wahren Wert von Ehe Familie erkennen lässt, sondern ihnen auch den Willen dazu gibt, sich dieser Herausforderung zu stellen und ihn umzusetzen.

---

[67] Der gesellschaftliche Förderungsdruck wie z.B. Frühkindliche Fremdsprachenkurse, usw. stehen in keinem sinnstiftenden Erziehungsverhältnis. Sie sind [aus der Sicht des Autors] Einzig und Allein darauf abgestimmt das Kind nicht zu erziehen, sondern an deine Dienstleistungsgesellschaft anzupassen.

Nachwort

Sehr geehrte Leserin sehr geehrter Leser.

Diese Ausarbeitung zum Zehnten Gebot stellt in seiner Form eine Streitschrift dar. Die Teils (überspritzen) konservativen Darlegung sollen weniger provokant wirken, als zum Nachdenken anregen.

Viel zu häufig fällt es bei aktuellen politisch- gesellschaftlichen Ereignissen, Reden und Entscheidungen auf, dass die Resonanz bzw. auch eine genaue Positionierung zu einem Thema fehlt. Man verliert sich im „Niemalsland von Ich-will-ja- keinem-Unrecht". Natürlich gibt es auch in Deutschland Familien die ihrer Aufgabe mehr als gerecht werden und es gibt auch die Eltern, die sich nicht nur für sich interessieren. Dennoch zeichnet sich im Trend eine deutliche Umsetzungsscheue für lebenslange partnerschaftliche Lebensformen.

Ebenso werden Fragen aufkommen, warum denn die Ehe als Fundament der Familie gewählt werden sollte.
Es gibt doch auch die Familien, die ohne die Ehe zwischen Mann und Frau glücklich zusammenleben.
Hier möchte ich nur anfügen, dass es um ein persönliches Ideal geht. Diese entzieht sich aller Logik, wenn man nicht an die christliche Glaubenslehre und an seine Aufgabe als Abbild Gottes glaubt und danach lebt.
Aus meiner persönlichen Sicht ist die Ehe, durch das Bezeugen der Liebe vor Gott, viel mehr wert, als „nur" die weltliche Anschauung einer staatlichen Trauung.

Durch diese Arbeit erhoffe ich mir, einen „Ruck" zu geben, sich mit seiner eigenen Einstellung, seinem Bild von Leben und Familie zu befassen.

Mit besten Grüßen

Martin Baldus

Literaturverzeichnis

Bundeszentrale für politische Bildung bpb [Online]. - 27. April 2013. - http://www.bpb.de/nachschlagen/zahlen-und-fakten/soziale-situation-in-deutschland/61597/haushalte-nach-zahl-der-kinder.

Bauman Zygmunt Liquid love: On the fraitly of human bonds [Buch]. - Cambridge : Polity Press, 2003.

Buchberger Michael Lexikon für Theologie und Kirche [Buch] / Hrsg. Kasper Walter. - Freiburg : Herder, 1995. - Bd. III.

Destatis DESTATIS [Online] // Statistisches Bundesamt. - 27. April 2013. - https://www.destatis.de/DE/PresseService/Presse/Pressemitteilungen/2012/07/PD12_255_12411.html.

Destatis DESTATIS [Online] // Statistisches Bundesamt. - 27. April 2013. - https://www.destatis.de/DE/ZahlenFakten/GesellschaftStaat/Bevoelkerung/HaushalteFamilien/Tabellen/Haushaltsgroesse.html.

Faix Wilhelm efg-hohenstaufenstr [Online]. - 05. Mai 2013. - http://www.efg-hohenstaufenstr.de/downloads/texte/wk_christliche_werte_vermitteln.pdf.

Familienratgeber NRW [Online]. - Deutscher Familienverband Nordrhein-Westfalen e.V.. - 25. April 2013. - Deutschen Familienverband Nordrhein-Westfalen e.V..

Flöttmann Holger Bertrand Der Wunsch nach einem Kind [Journal]. - Frankfurt : Frankfurter Allgemeine Zeitung, 13.06.2005. - 134.

Frankfurter Allgemeine Zeitung Deutschland will keine Familie mehr sein [Journal]. - Frankfurt : Frankfurter Allgemeine Zeitung, 2007. - 28.11.2007.

Geißler Rainer Der Monopolverlust der Familie: Differenzierung privater Lebensformen [Buchabschnitt] // Die Sozialstruktur Deutschlands Zur gesellschaftlichen Entwicklung mit einer Bilanz zur Vereinigung. - Wiesbaden : VS Verlag, 2011.

Geißler Rainer Familiärer Strukturwanel im Spiegel der Demografie [Buchabschnitt]. - Wiesbaden : VS Verlag, 2011.

Giddens Anthony, Fleck Christian und Eggert de Campo Marianne Was ist Soziologie? [Buchabschnitt] // Soziologie / Buchverf. Giddens Anthony, Fleck Christian und Egger de Campo Marianne . - Wien : Nausner& Nausner, 2009. - S.34 ff. .

Giddens Anthony , Fleck Christian und Egger de Campo Marianne Schlussfolgerung: Die Debatte über Familienwerte [Buchabschnitt] // Soziologie / Buchverf. Giddens Anthony, Fleck Christian und Egger de Campo Marianne . - Wien Graz : Nausner& Nausner Verlag, 2009.

Giddens Anthony, Fleck Christian und Egger de Campo Marianne Familie und intime Beziehungen [Buchabschnitt] // Soziologie. - Wien : Nausner& Nausner, 2009. - S.277 ff..

Goode J. W. Familie [Buchabschnitt] // Colliers Encyclopedia. - New York : [s.n.], 1972. - Bd. IX. - S.545 ff. .

Hörmann Karl St. Josef [Online]. - 29. April 2013. - http://stjosef.at/morallexikon/ehe.htm.

Johannes Paul II Vatican [Online]. - 21. April 2013. - http://www.vatican.va/holy_father/john_paul_ii/apost_exhortations/documents/hf_jp-ii_exh_19811122_familiaris-consortio_ge.html.

Johannes Paul II. Charta der Familienrechte // Familiaris consortio. - 22.10.1983.

Jünemann Elisabeth Was (Ehe und) Familie schützt und fördert
[Buchabschnitt] // Zehn Gebote für Europa- Der Dekalog und die europäische
Wertegemeinschaft / Buchverf. Theisen Heinz und Jünemann Elisabeth . -
Erkelenz : Altius, 2009.

Jünemann Elisabeth Was uns (Ehe und) Familie wert ist [Buchabschnitt] // Zehn
Gebote für Europa Der Dekalog und die europäische Wertegemeinschaft /
Hrsg. Jünemann Elisabeth und Theisen Heinz. - Erkelenz : Altius, 2009.

Kant Immanuel Über Pädagogik [Buch] / Hrsg. Rink D. Friedrich Theodor. -

Karmasin Matthias und Ribing Rainer Die GEstaltung wissenschaftlicher
Arbeiten [Buch].- Wien: Facultas Verlags und Buchhandels AG,2006

Königsberg : Friedrich Nicolovius, 1803.

Keil Siegfried Forschungszentrum Familienbewusste Politik [Online]. - Juni
2010. - 29. April 2013. - http://www.ffp-
muenster.de/tl_files/dokumente/2010/familie_wissenschaft_politik.pdf.

Knischek Stefan Lebensweisheiten berühmter Philosophinnen [Buch]. - Baden-
Baden : Humbolt, 2006.

Kurz Lea-Patricia Zeit Online [Online]. - 11. Mai 2013. - Emotionale Intelligenz -
wie wichtig ist sie für eine gute Partnerschaft?.

Lampert Heinz Gesellschaft für wissenschaftliche Datenverarbeitung mbH
Göttingen [Online]. - 27. April 2013. -
http://webdoc.sub.gwdg.de/ebook/serien/lm/vwl_diskussionsreihe/219.pdf.

Lohaus Stefanie Ich liebe mein Kind. Ich hasse mein Leben [Artikel] // The
Germans . - Berlin : zepter & son, 2013. - 5..

Lüscher Kurt Soziologische Annäherung an die Familie [Buch]. - Konstanz :
Universitätsverlag Konstanz, 2001.

Marx Reinhard "Du sollst nicht begehren ..." Überlegungen zum zehnten Gebot
im Horizont von Ehe und Familie [Buchabschnitt] // Zehn Gebote für Europa Der
Dekalog und die europäische Wertegemeinschaft / Hrsg. Jünemann Elisabeth
und Theisen Heinz. - Erkelenz : Aaltius Verlag, 2009.

Meyer Thomas Private Lebensformen im Wandel [Buchabschnitt] // Die
Sozialstruktur Deutschlands Zur gesellschaftlichen Entwicklung mit einer Bilanz
zur VEreinigung / Buchverf. Geißler Rainer. - Wiesbaden : Springer , 2011.

Pfeifer Wolfgang Etymologisches Wörterbuch des Deutschen [Buch]. -
Koblenz : Edition Kramer, 2012.

Psya.de Psychologie Online [Online]. - 11. Mai 2013. -
http://www.psya.de/loyalitat-in-beziehungen-39.html.

Spieker Manfred Was ist die Ehe noch wert [Journal] // Kirche und
Gesellschaft / Hrsg. Mönchengladbach Katholische Sozialwissenschaftliche
Zentralstelle. - Mönchengladbach : J.P. Bachem Verlag , 2010. - Nr. 369.

Theisen Heinz Das Absolute vom Relativen unterscheiden [Buchabschnitt] //
Zehn Gebote für Europa / Hrsg. Jünemann Elisabeth und Theisen Heinz. -
Erkelenz : Altius, 2009.

Wikipedia [Online]. - 11. Mai 2013. -
http://de.wikipedia.org/wiki/Integrit%C3%A4t_%28Ethik%29.

Wildfeuer Armin Warum sietzen sich so viele Menschen für die Öko-Bewegung
ein- und so wenige für die Freiheit [Interview] / Hrsg. Josten Husch. - Köln :
[s.n.], August 2008.

Zeidler Wolfgang Ehe und Familie [Buchabschnitt] // Handbuch des
Verfassungsrechts / Buchverf. E E, Maihöfer W. und Vogel J. . - Berlin :
Gruyter, 1983.